꿈, 어느 봄날

꿈, 어느 봄날

황분선 시집

세종출판사

시인의 말

참으로 아득합니다. 언제부터 시를 외고 시를 짓던 그 날 들이 오늘에 와서 드디어 한 권의 시집이 되어 세상에 나왔습니다.

일찍 보낸 당신이 그립고, 보고 싶을 때마다 적어 모은 시를 한 데 묶어 당신 앞에 한 권의 시집을 올립니다. 두 아들 키우며 오로지 당신 생각으로 수십 년을 살아온 세월이었습니다.

앞으로 또 남은 이야기를 쓰고 모아 당신 앞에 보여 드릴 것을 약속합니다. 사랑합니다. 보고 싶습니다. 아직도 늘 그립습니다.

2025 가을

황분선

차례

시인의 말 · 5

제1부 차 한 잔의 시간

초승달	13
통도사 홍매	14
꿈! 어느 봄 날	15
달맞이꽃	16
섬, 섬, 섬	17
차 한 잔의 시간	18
님의 고향 가는 길	19
벌레가 운다	20
산마을	21

제2부 송학산

달 밝은 밤	25
만경창파	26
가을	27
가는 세월	28
장맛비	29
국화	30

석양	31
옛 생각	32
내 동무	34
도화	35
가을 그리움	36
송학산	37
할미꽃	38
방패연	39
높은 세제	40
단오절	41
수변공원	42
비악산	43
싸리꽃	44
나팔꽃	45
푸른 산속	46
먼 길	47

제3부 끝이 없는 길

엄마 생각	51
그리움	52
기다리는 봄	54
진주 방석	55
내가 살아온 길	56

길섶	57
끝이 없는 길	58
가을	59
가뭄	60
구부러진 길	61
그리운 나의 고향	62
외로움	63
언약	64
영해 바다	65
들 꽃	66
코스모스	67
님 생각	68
세월의 훈장	69
어머니의 기일	70
오고 가는 마음	71
첫 여름	72
억새	73

제4부 피고 지는 꽃

기다리는 마음	77
진달래	78
떨어지는 낙엽	79
황성공원	80

고향	81
피고 지는 꽃	82
상사몽相思夢	83
내 마음의 가을	84
여름	85
햇님	86
깊은 밤	87
난초	88
서화전	89
봄이 오는 길목	90
11월의 태화루	91
무상	92
바다 건너	93
꽃	94
고추잠자리	95
찔레	96
소근 소근 봄비	97
태화강	98

해설 · 한분옥
한 생애가 시로 피어 난 여정   99

제1부

차 한 잔의 시간

초승달

본래 떨어진 달
아니었지 초승달도

날개를 펼친 듯이
물 찬 제비 날아가듯

아이들 팔을 이어서
건지려고 하건마는

통도사 홍매
– 젊은 미망인

꽃 피고 잎도 피고
해마다 봄은 오는데

먼 길 떠나버린
그대를 생각하면

캄캄한 터널속으로
걸어가는 나를 본다

꿈! 어느 봄 날

동무와 어울려서 밀 살이를 하던 중에
치마에 불이 붙어 겉살에 속살까지
진즉에 동네사람들 혀를 쯧쯧 차며가고

새 언닌 온몸에다 배추 잎을 붙여주며
애기씨! 새 살이 돋으려면 아파요 참아요
상처에 밤낮도 없이 배추 잎을 붙여주던

무논에 물이끼 걷어 온몸에 발라주며
열 밤만 자고 나면 나을 거라던 올케언니
새 언니! 다음 생애엔 제 시누이가 되어주세요

달맞이꽃

석수천 언저리에 노랗게 핀 달맞이꽃
밤이면 활짝 피네 달님이 그리워서
낮이면 살짝 숨었다가 오늘밤에 또 달마중

계수나무 그늘 아래 은도끼가 그리운가
밤이면 활짝 웃네 은은한 그 향기가
초야를 감싸고 도는 수줍구나 달맞이

섬, 섬, 섬

그대 떠난 이후 마을 앞길도 잃고
산도 들도 길을 버린, 오로지 외딴 섬에
가는 이, 붙들지 못한 자책으로 아픕니다.

꿈인 듯 꿈길 인 듯 달려갈 때가 있습니다
마을 앞, 산그늘도 모두 내린 동구 길을
다시금 아득한 터널, 이젠 모두 섬입니다.

차 한 잔의 시간

김이 모락모락
차 한 잔을 마주하며

눈빛만 마주해도
미소 절로 나는 사람

다소곳 내리감은 눈,
눈뜰 생각 전혀 없네

님의 고향 가는 길

부평초 잎사귀에 풀벌레 우는 소리
호리 못 언덕에는 물총새가 쫑긋쫑긋
내 마음 어찌 알고서 미물들이 먼저 우네

서당 앞 연못에는 연꽃이 여태 피고
물에 뜬 그대 얼굴 어디에도 없는 고향집
쓸쓸한 시집 안마당을 어이 홀로 찾았나

벌레가 운다

당신을 그리는 그 마음은 어데 갔나
주책없이 베갯 가에 눈물이 많아져서
애달피 불러 보건만 대답 없는 머리맡

물망초 핀 언덕에 오늘도 외로이 서서
물에 뜬 님의 얼굴 아른아른 그리지만
쓸쓸한 또 이 한밤을 어찌 홀로 세울까

산마을

산마을 깊은 밤에 귀뚜라미 우는 소리
잠 못 든 새벽닭이 울어주니 생각만 쌓이네
어느새 먼동이 튼다 옛 동무 그리워하다

머루 다래 감 따서 함지에 담아놓고
옹기종기 둘러앉아 이야기하던 그 시절
그리운 죽 창문 여니
달은 칡넝쿨에 걸려있네

제2부
송학산

달 밝은 밤

달 밝고 서러워진 밤
울고 가는 저 철새야
너의 고향 어데 두고
여관 한 등 잠든 나를 깨우느니
밤중만 너 울음 한소리에 잠 못 들고
잊었던 님의 얼굴
또렷이 다시 보여
외로운 이 마음 둘 곳이 없어
산에 올라
우리임 어데 갔나 임을 부르니
메아리뿐
이 마음 채울 길 없네

만경창파

해 저무는 만경창파
호수에서 고기 잡아
술집에 들러 고기 주고
술을 받았네
행락객이 속세 절을 묻거널
내 웃으면서 달빛 아래
갈대 꽃술에 배 한 척을 가리켰네
술에 취해 강호에 젖었으니
철 가는 줄 몰랐다네

가을

해는 서산을 넘고
달 밝은데 배를 타고
추강에 드니
몰 아래 하늘이요
하늘 위에 달이로다
저기 저 사공아
저 달을 건져서라
완월 청취하리라

가는 세월

덧없는 인생
녹양이 천마사 한들
가는 춘풍 매어두면
탐화봉접인들
지는 꽃을 어이하리
아무리 근원이 중한들
가는 임을 어찌하리

장맛비

아침부터 장맛비가 내린다
엄마랑 텃밭에 나와
상추를 보았다
엄마는 상추를 보고
가랑비 맞고 많이 컸구나
겉잎은 바람에 살랑살랑 흔들리고
속잎은 방긋방긋 웃고 있다
장마가 지나면 꽃대가 올라
노란 고운 꽃이 화사하게 피어
나비와 벌들이 꿀을 따가고
찌르라기 새들은 열매 씨를 따먹고
허기를 채운다

국화

마을 끝자락 대나무 숲속 초가집
장독대 옆에 국화꽃이
곱게 피어 향기를 풍기고
꽃은 방긋방긋 웃는다

석양

추산이 석양을 띠니
노을은 붉게 물이 들고
일간 죽 둘러메고
팔각정에 앉아 대금을 높이부니
천공이 나를 보고
한가히 느끼어
달을 쫓아 보내도다

옛 생각

청국사 밀밭골 청산 별장에는
송화 꽃향기가 코끝에 스치고
산지기 외딴집
계곡에는 거울같이 맑은 물에
도롱뇽이 놀고
메기와 잉어 송사리 가재가 살고
산기슭에는
곤드레나물 활나물 삿갓나물 참나물
캐던 시절이 그립구나
순희, 영희여!
너희들은 먼저 하늘나라 가고
나 홀로 남아
홍로 화촉 필 때면 별장에서
너희들을 생각하고

밤이면 별장 마루에 누워
하늘을 쳐다보니
옛적도 지금도
달은 홍도화꽃까지에 걸려있고
수많은 별이 반짝이고
새벽닭이 우는구나!

내 동무

순희, 영희야
어느 별에 살고 있나
보고 싶어
울적한 마음 달랠 길 없어
오늘따라 웬일인지
무색하고 외롭구나

도화

요지에 봄이 드니
벽도화 다 필 거다
도화 열매 따다가
삼천 년을 숙성시켜
옥 잔에 담아
그대에게 드립니다

이 찻잔을 받으시면
만수무강하시리라

가을 그리움

가을엔 옛 벗이 그립다
서늘한 기운에 옷깃을 여미며
고즈넉한 찻집에 앉아
화려하지 않은 코스모스처럼
아련한 가을 향기가 어울리는
사람이 그립다

모락모락 김이나는 차 한잔을 마주하며
말없이 눈빛만 마주 보아도
행복의 미소가 저절로 나는 사람
찻잔 속에 향기가 녹아들어
그윽한 향기를
오래도록 느끼고 싶은
사람이 그립다

송학산

송학산 깊은 고을
낙락장송 밑 바위틈에
한 떨기 들국화야
너는 어이 깊은 산골에 너 홀로 피었는가
은은한 너의 향기 중년의 연인같이
순수하고 아름답다
밤이면 바람 소리 산짐승들
울음소리에 잠 못 들고
등잔불을 밝혀놓고 책을 펴고 앉았으니
옛 동무가 그립구나
마음이 울적해서 사립문을 열고 나와 선제
달은 중천에 걸려있고
산사에 새벽 종소리에
내가 웬일로 무색하고 외롭구나

할미꽃

심심산골 양지 녘 묘지 앞에
홀로 핀 할미꽃
봄바람에 꽃이지니 세월 덧없어
허리 굽은 할머니가
은발 머리 곱게 하고
묘지 앞에 서성이니
건넛산 기슭에
매호 꽃이 곱게 피어
할머니를 유혹한다

방패연

방패연 같은 내 가방 무늬
순희 영희 동건이 용철이 진상이
같이 연 날리던
내 동무들 생각나네

이제는 다 가고
나 혼자 남았네
그때 그 동무들
방패연 무늬 되어
내 옆구리에 걸렸다

높은 세제

설능 높은 세제
자고 가는 저 구름아
구리산 기슭에
송화꽃 피면
꾀꼬리는 짝을 찾아
녹수청산에 날아들고
산지기 외딴집
어여쁜 아가씨
갑사댕기 살랑살랑
나비처럼 나부낀다

단오절

오월이라 단오날에
창포물에 머리를 감아
반달 같은 용을 기(빗)를
유수같이 빗겨내려
나박나박 머리 곱게 땋고
빨간 댕기 끝에 물려
색동옷 곱게 입고 주천타는 아가씨
앞면만 보지 말고
옆면만 바라보소
건넛마을 정 도령이
넋을 잃고 바라본다

수변공원

수변공원 연못에는
연꽃이 곱게 피어
물레방아는 쉬지 않고
연못에 물을주고

저수지에 청둥오리 물새들은
쌍쌍이 짝을지어
한가로이 놀고
연못가에 수국화는
눈부시게 곱게피어
길손을 유혹하네

늦은 오후라
해는 서산에 걸려있고
어둠이 들고 있다

비악산

비악산 높은 봉에 허리 안개 들렸더니
메마른 대지에 단비가 흠뻑 내려
농부들은 우장 입고 삿갓 쓰고
삽을 들고 들 가운데 나서니
벼는 벌써 다 피어있고
참새 쫓던 허수아비 외다리로
논두렁에 우뚝 서서
두 팔을 활짝 펴고
농부들을 마주하네
비 맞은 참새들은 볏논에 앉아
농부를 바라본다

싸리꽃

야산 중턱에 피어있는 싸리꽃
작고 어리지만
향기는 독특하고 진하다
그 향기가 온 누리 산을 감싸고
꿀벌들은 향을 따라
싸리꽃에 모여들고
나비도
쌍쌍이 짝을 지어
싸리꽃을 찾아온다

나팔꽃

밭두렁에 곱게 피어있는 나팔꽃
새순이 뻗어 나와
가시넝쿨을 감싸고
긴 목 구비를 활짝 펴고 피는 나팔꽃

꽃분홍 고운 색깔
눈부시게 아름답다
꿀벌들과 나비들은 쉬지 않고
꿀을 따고
농부들은 일손을 멈추고
꽃 넝쿨을 바라본다

푸른 산속

푸른 산속 고요히 홀로 앉아
백발의 연인
남쪽 산봉우리를 물끄러미
바라보네
바람은 손을 흔들어
가야금을 타고
신비로운 아침 안개 걷어내니
산골짜기 무지개 활짝 핀다
주걱새 목청 놓아
천년 한을 풀고
소쩍새 즐거이 풍년가를 부른다

그 누가 산을 적막하다던가
즐거움이 그 안에 무궁하거늘

먼 길

세 들어 살던 돌담 넝쿨을 비우고
산등성이를 넘어가는
다람쥐 가족이 있다
지난밤 먹을 것을 구하려
인가 가까이 갔던 막내는 끝내
모습이 보이지 않았다
힐긋 뒤돌아본 돌담 넝쿨에는
벌써
흰 눈이 쌓이고 있었다
어스름한 달이 뜨는 곳

제3부
끝이 없는 길

엄마 생각

도토리묵을 함지에 담아 이고
시장 가신 울 엄마 안 오시네

해는 넘어간 지 오래
나는 엄마 밥을 지어서
아랫목에 묻어놓고
아무리 기다려도 엄마는 안 오시네

어둡고 무서워
등잔불을 켰더니
문풍지 바람에 등잔불도 꺼졌고

혼자 엎드려 울던 그 시절이
지금도 눈시울이 뜨겁게 하는
그 시절이 아련합니다

그리움

해 질 무렵이면 당신이 더 그리워집니다
꽃이 피고 잎도 피고 봄이 자꾸 가고
당신이 그리워
마을 앞에 나와 산그늘도 내린 동구길
하염없이 바라보다
산그늘도 가버린 길을 따라가다가
연못가에 앉아서
당신이 그리워 눈물납니다
당신은 다시 못 올 먼 길을 떠났고
어린 두 아이와 나는
아무도 없는 무인도에 홀로 남아
있는 것 같이 외롭습니다

아이들은 아빠 언제 오시냐고
물을 때마다
가슴이 터질 것 같습니다

전담과 모든 것 가지고 간호했지만
당신을 구하지 못한 자책으로
벗어날 길이 없어서

두 아이의 손을 잡고
캄캄한 터널 속으로
터벅터벅 걸어갑니다

끝없이 끝없이
걸어갈 때가 있습니다

기다리는 봄

동장군은 떠나고
겨울 끝자락 아침 햇살에
작은 창을 열었더니
꽃망울이 소복이 맺혔어요
꽃을 기다리는 내 뜰은
벌써 향기로운 꽃을 피우려나 봐요

눈꽃이 흩날리던 긴 겨울도 지나고
따스한 햇살 창을 비취니
지난밤 아무도 없는 앞뜰에도
고운 달빛 내리고
하얗게 반짝이는 별들의 사랑에
간절한 마음 빌었더니

이제 봄이 오려나 봐요

진주 방석

임 그리워 방울방울 흘린 눈물
진주 같은 그 눈물을
썩지 않는 실에
꿰고 또 꿰어
진주 방석 지어서
다음 생에 당신을 만나면
당신에게 드리리다

내가 살아온 길

한 치 앞도 모른다는 세상살이
1초의 건너뜀도 용서치 않고
또박또박 걸어온 발자국의 무게
여기에 풀어 놓습니다
겨울바람 앞에도
붉은 입술감 취 못하는 장미처럼
질기게도 허욕을 쫓는
모든 이에게
묵묵히 지켜보아 주는
나무들에게
올해도 고맙다는
말을 남기고 싶습니다

길섶

긴 담을 끼고 외딴길을 걸으며
생각이 무지개처럼 핀다
풀냄새가 물씬 향수보다 좋게
내 코를 스치고
청머루 순이 뻗어 나오던 길 섶
어디메선가
한나절 꿩이 울고
삿갓나물 곤드레나물 활나물 참나물을 찾던
잃어버린 날이 그립지 않던가
나의 벗들
미란이, 수니야
그립구나

끝이 없는 길

꽃잎 지고 풀잎 새로 돋고
어느새 꽃들 들을 채우고
그리움으로 낯선 골목 헤맬 때
바람 소리 귀가에 들리고
꽃길에 바람 불어 꽃잎 다 날리니
삶이란 무엇인가?
허망하고 끝없는 길이다
끝내 비단길
하늘길은 보이지 않았다

가을

이제는 지는 꽃이 아름답구나
눈물도 없는 강가에 서면
언제나 너는 가고 오지 않고
이제는 지는 꽃도 눈부시구나
종소리처럼 나뭇잎 떨어져
그동안 나를 이긴 것은 사랑이었다고
눈물이 아니라
사랑이었다고
국화도 꽃을 떨구고 뿌리를 내리나니
물 깊은 밤 차가운 땅에서
다시는 헤어지지 말자 국화야

가뭄

마을 논바닥이 다 말라갔다
하늘을 쳐다보며
빈 쌀통 빠각빠각
긁어대던 어머니
산그늘 중턱에
뻐꾸기 소리 요란한데
마른 젖 물리고
긴 뻐꾸기 울음소리로
울던 어머니가 그립습니다

구부러진 길

나는 구부러진 길이 좋다
날이 저물면 울타리 너머로
밥 먹으라고 부르는
어머니의 목소리도 들울 수 있고
구부러진 길을 가면
들꽃도 많이 피어 있고
별도 많이 뜨는
구부러진 길은
산도 품고 들도 품고 마음도 품고
정이 들은 길이다

그리운 나의 고향

20년이 넘어 찾아온 고향
산도 옛산이요 물도 옛물인데
부모형제 벗들은 다
이 세상을 떠나셨고
나 혼자 남아 찾아온 고향
쓸쓸한 마음 둘 곳이 없구나

시월 중순이라
단풍잎은 곱게 물이 들고
망개나무 굴락지에는 망개가 빨갛게 익어
꽃송이같이 곱구나

단풍잎을 바라보면
어머님이 그립고
망개넝쿨 바라보면
동무들이 보고 싶다

외로움

우뚝우뚝한 나무 그림자
낙엽이 발이 숨는 못 물가에
물빛조차 어슴푸레 떠오르는데
나 혼자 섯노라
아직도 동녘 하늘은 어두운가
천인에도
사랑 눈물 구름되어
외로운 꿈의 베개 흘렸는가
나의 님이여
고이도 불그스레 물질러 와라
하늘 밟고 저녁에 섯는 구름 반달은
중천에 지새일세

언약

두 눈을 꼭 감고 죽어 볼까요
창가에 아롱아롱
달이 비친다
봄 꿩은 잠이 없어
밤에 와 운다
눈물은 새우잠의 팔굽 베개요
둘이 자던 베개는
어디 가는고
언제는 죽자 살자

영해 바다

잊지 못할 영해 바다
넘실대는 파도 위에
밀려왔다 밀려가는
저 배 위에 나르는 갈매기
방파제 우뚝 선 저 등대는
밤이면 불을 밝혀
영해 항을 가리키고
배들은 불을 보고
영해 항을 아나보다

들 꽃

오랜 세월
들꽃으로 피어나는 가을
커피 한 잔 마시면서
향기롭게 피어올라요
쓴맛도 달게 변한
오랜 세월 힘들고 고달파도
부담없이 서늘한 가을
바람처럼 살으리라

코스모스

가을의 꽃 코스모스는
달빛이 싸늘히 추운 밤이면
옛 소녀가 못 견디게 그리워
코스모스 핀
정원으로 찾아간다
코스모스는 귀뚜리
울음에도 수줍어지고
가냘프고
여린 꽃이다

님 생각

한때는 날마다 당신 생각에
밤까지 새운 일도 많았지만
아직도 때마다
당신 생각에
캄캄한 어두운 밤들에 헤매도
비 오는 모래밭에 오는 눈물은
당신을 잊어버린
설움입니다

세월의 훈장

얼굴에 잔주름이 늘어나고
흰 머리카락이 더 많아졌다
마음도 이제는 나아가고
무사히 여기까지 걸어왔다
옛 어른들 말씀
세월이 가면 모일 것들은
알아본다고 했다
누구라고 이름을 짓지 않아도
어둠 타고 오는 아득한 별빛같이
날마다 몸을 바꾸는 달빛같이
때가 되면
이별할 줄 아는 사람이 되었다

어머니의 기일

세월은 유수같이 흘러가 버려
백발이 되었구나
어머님 보고 싶소
어머님 기일이라 고향을 찾았더니
휘영청 밝은 달은 중천에 걸려있고
반짝이는 저 별들은
나를 보고 반갑다고 더 반짝인다
밤은 가고 새벽이라
철새들은 북쪽으로 날아가며
슬피 우는구나
철새들아
울지마라
내 마음조차 슬프단다

오고 가는 마음

쓸데없이 서럽게만 함께 오는가
어찌하여
옛날의 꿈 조차 가져오는가
저도 잊고 나니
저 모르던 그대
어찌하여 그대는 또 왔는가
바람이 불어 봄꽃이 필 때는
외로이 다니던 내 심사를
집을 떠나
먼 저곳에서….

첫 여름

청자빛 하늘이
달위에 그린듯이 곱고
감미로운 첫 여름이 흐른다
내 젊은 꿈이
나비같이 앉은 정오
민물처럼 가슴속으로 몰여드는
향수를 어찌 하는 수 없어
눈은 먼 숲을 바라본다
보리밭 푸른물결을 헤치면
종달새 모양 내 마음은
하늘 높이 솟는다

억새

산등성이의 은빛 억새처럼
초라하지 않으면서
기품이 있는
겉보다도 속이 아름다운 사람
가을에 억새처럼
출렁이는 은빛 향기를
가슴에 품고
가을날 맑은 하늘 빛처럼
그윽한 향기가 전해지는
사람이 그립다

제4부
피고 지는 꽃

기다리는 마음

저녁해는 지고 어스름의 길
만나려는 심사는
웬일일까?
저 먼산에 어두워 잊혀진 구름
그 사람이야 올일은 없는데
발길은 뉘 마중을 가잔 말이냐
하는엔 달 오르며
우는 기러기
오지않는 님을 기다리는 마음
저 기러기는 알고 있나보다

진달래

청국사 계곡에 맑은 물이 졸졸
흘러내리고
건넛산 언덕에는
개나리 진달래 노란 배추꽃은
추운 겨울을 참고
풀포기처럼 피어났다
즐거운 종달새야
어느 이랑에서나
즐겁게 날아올라라
푸른 하늘로
아른아른 높기만 한데

떨어지는 낙엽

사랑은 오랜 시간이 흘러도
그리움은 가슴 깊이 맺혀
이토록 외롭고 덧없이
가을로 가득차 있습니다
들꽃으로 피어나는 가을
한잎 두잎
나뭇잎이 물들어 떨어질 때마다
그대를 향한
나의 그리움도
한잎 두잎 떨어집니다

황성공원

가자 가자 숲으로 가자
달조각 주우러 숲으로 가자
그믐밤 반딧불은 부서진 달조각
동무들 손잡고 숲으로 가자
달조각 주우러
황성공원 숲으로 가자
너도 나도 즐겁게
황성공원으로 가자

고향

사람이 못 잊는 것이 사람입니다
짐승은 모를는지 고향인지라
생시에는 생각도 아니하던 것
잠들면
어느덧 고향입니다
송아지 동무들과 놀던곳이라
그래서 그런지도 모르지마는
꿈에서도 항상 고향입니다
봄이면
진달래와 들꽃들이 만발하고
가을이면 골짜기에 물드는 단풍
언제나 잊지못할 고향입니다

피고 지는 꽃

꽃이 피는 봄은 오는 봄이요
꽃이 지는 봄은 가는 봄이라
비가 오니 꽃은 지네
서럽다! 내 가슴속
보라 높은 구름 나무의 푸릇한 가지
그러나
해 늦으니 어스름인가?
애달피 고운 비는 많이 오지만
이 몸은 꽃밭에 주저앉아
울고 있노라

상사몽 相思夢

님 그린 상사몽이
실소의 넋이 되어
주야장천 깊은 밤을 잠 못 들고
님의 방에 들렸다가
날 잊고
깊이든 잠을 깨워볼까 하노라

내 마음의 가을

가을에는 내 마음도
내 것이 아니다
허락받지 않는 사랑은
단풍처럼 속으로만 타들어 가는데
스산한 바람 한 가닥 불면
어느새 너의 뜨락에서
뒹구는 내 마음
익은 밤송이 터지듯
터져 나오는데
두근거리는 그리움은
언제나 가을로 오시려나

여름

한여름의 해님이 구름을 타고
이 골짜기가 빠르게도
건너러 한다
산등어리에 송아지 뿔처럼
울퉁불퉁 어린 바위가 솟아 있고
얼룩소의 보드라운 들풀이
산등성이에 퍼렇게 자랐다
삼 년 만에 고향을 찾았더니
산도 들도 푸르구나

햇님

가랑비가 내린다
보슬보슬 내린다
섬에 나서 섬에 자란 섬나라 아가씨
해님이 웃는다
나를 보고 웃는다

하늘다리 놓았다
아롱다롱 무지개
해님이 웃는다
즐거워 웃는다

깊은 밤

산마을 깊은 밤을
뜰에 가득 달이로다
마음 둘 곳이 없어
사립 열고 나와 선제
귀또리는 누구를 그리워
저리도 설피 우느니

난초

먹 필로 친 난초 향은
코 끝을 스치고
잎은 직선과 곡선이
칼날같이 날이선다
널신한 그 자태가
선녀같이 아름답구나

서화전

봄이라 아카시아 나무에는
가시에 꽃을 달아
화사하게 피어있고
아버님은 서화전 가시려고
하얀도포 자락에 파란 끈을 매고 갓쓰고
대금을 둘러메고 말을 타고

하얀꽃 터널 속으로 가시는
뒷모습 신선이 구름 타고
날아가는 모습이라

봄이 오는 길목

봄이 성큼 찾아오네
솔배기길 큰 거랑 가에
버들강아지 고개 들고
수청같이 맑은 물에
매기 이어 헤엄치고
뒷동산에 진달래
분홍색 물이 드네
제비는 처마 끝에 날아들어
새집 지어 신접살림 차려놓고
빨랫줄에 앉아 안 체를
바라보며 잘 살다 가겠다는
인사를 하나 보다

11월의 태화루

날이 몹시 추워 자리에 들어
자다 눈을 뜨니
창문에 달이 비춰
그림자 서 있네
깜짝 놀라 일어나 보니
밤은 깊어 일경이라
창문 열고 바라보니
태화루에 보름달
소나무에 걸린 달그림자
바람은 창을 흔들었네

무상

작은 벌레 눈썹끝에
한 나라를 세웠고
얼굴보다 작은 달이
이 세상을 비춰주네
으뜸가는 보배산도
바다 멀리 아득한데
허공처럼 넓다 해도
한 조각의 구름일세

바다 건너

두메산골 외로이
피어있는 꽃인가
소박한 그의 모습에
내 가슴을 태웠네
그리움에 날개 돋쳐
산 넘고 바다 건너
꿈을 따라 행복 찾아
나 여기 왔노라

꽃

외딴곳에 피어난
이름없는 꽃인데
찾아주는 그대는
정녕 나의 임일까
어린 가슴에 그리던
그 사랑이라면
서로가 손을 잡고
행복의 쉼터로
찾아 가리라

고추잠자리

가을 끝자락 메밀밭
빨간 고추잠자리
어디 갔나 인제 와서
송아지 말뚝에
수평을 잡고 앉아
머리를 갸우뚱갸우뚱
대화하려나 보다

찔레

초록이 물드는 푸른 계절에
그리운 가슴 가만히 열고
사랑하던 그 사람과 만나
한 그루의 찔레꽃이 되어
송이송이 하얀 꽃송이로
피어 영원토록 살고 싶어

소근 소근 봄비

하얀 민들레 꽃씨 속에
바람으로 숨어서 오렴
이름 없는 풀숲에서
잔기침하는 들꽃으로 오렴
부리 고운 분홍빛 산새들과
노래하며 함께 오렴
해마다 내 마음속으로
찾아오는 봄

태화강

태화강 굽이굽이 돌아
물안개 핀 강언덕에
물새가 울고
붉게 물던 저녁노을
강물 위에 떠있고
아름다운 꽃봉오리
태화강에 빠져있네
은빛 바다 푸른 물결
우뚝 선 태화루에
장니같이 붉은 사랑
가슴에 물들이고
태화루에 걸린달 빛
그대 품에 안겨주리

 해설
한 생애가 시로 피어 난 여정

| 해설 |

한 생애가 시로 피어 난 여정
- 황분선 시 세계

한분옥 | 외솔 한글사랑 기념회 회장

1. 들어가며

　황분선黃分善 시인은 1934년 경주에서 태어나, 일제 말과 해방 직후의 불안한 시대를 어린 시절에 겪었다. 할아버지의 서당에서 글을 익히며, 훈민정음의 곡진한 리듬과 고전시의 품격을 일찍이 체득했다. 황분선 시인의 시조는 단 한 줄의 과장이 없다. 그것은 문학이기 이전에 삶의 체온으로 쓴 연대기이자, 사랑과 그리움으로 한 생을 견뎌온 여인으로서의 서사시이다.
　한학자의 아버지 밑에서 어린 시절부터 시조를 익히며 자란 그는, 시를 배운 것이 아니라 시 속에서 자란 사람이다.

그녀의 시조에는 시대의 가난과 여인의 슬픔, 그러나 그것을 견디게 한 '조용한 생의 힘'이 스며 있다. 스무살 무렵 시집가 젊은 나이에 남편을 여의고, 두 아들을 품에 안은 채 평생을 망부가亡夫歌로 살아온 여인, 그의 인생은 한 폭의 고요한 수묵화처럼, 기다림과 인내의 색채로 번져 있다. 그는 비록 제도권 속의 고등교육을 받지는 못했지만, 날마다 새벽에 일어나 시를 외우고 시를 썼다.

시집 『꿈. 어느 봄날』은 그렇게 평생의 일기장을 한 권으로 묶은 결실이다. 그의 언어는 꾸밈이 없고, 문법보다 마음이 먼저 앞선다. 한 줄 한 줄마다 '시적 의도'보다 '삶의 진실'이 있다. 그가 읊는 달맞이꽃, 초승달, 섬 섬 섬, 차 한 잔, 홍매, 고향의 부평초까지—모두는 그리움으로 존재하는 사물들이다. 그것들은 시 속에서 하나의 남편으로, 하나의 사랑으로 다시 살아난다.

황분선의 시조는 문학적 수사보다 '삶의 비의悲意'를 정직하게 담은 자서적 노래이며, 우리 민속의 여성적 서정의 맥을 그대로 이어받은 살아 있는 구전시조의 현대적 계승이다.

그의 언어는 시골의 말씨지만, 그 안에는 평생의 순애보가 숙성된 진주빛 정서가 있다.

2. 한 폭의 고요한 수묵화

    동무와 어울려서 밀 살이를 하던 중에
    치마에 불이 붙어 겉살에 속살까지
    진즉에 동네사람들 혀를 쯧쯧 차며가고

    새 언닌 온몸에다 배추 잎을 붙여주며
    애기씨! 새 살이 돋으려면 아파요 참아요
    상처에 밤낮도 없이 배추 잎을 붙여주던

    무논에 물이끼 걷어 온몸에 발라주며
    열 밤만 자고나면 나을 거라던 올케언니
    새 언니! 다음 생애엔 제 시누이가 되어주세요

        - <꿈, 어느 봄날>의 전문

  <꿈, 어느 봄날>은 그가 젊은 날 실제로 겪은 사건을 바탕으로 한다. 봄날 밀밭에서 동무들과 놀다 치마에 불이 붙은 사건은 단순한 추억이 아니라, 한 여인이 세상 앞에 서게 된 운명의 첫 장면이다. '겉살에 속살까지 불이 붙었다'는 표현은 물리적 화상만이 아니라, 삶의 불길 속에서 자신을 태워낸 존재의 체험을 상징한다. 고통 속의 사랑, 공동체적 치유의 서사이다. '다음 생애엔 제 시누이가 되어 주세요'는 인간이 얼마나 숭고한 사랑을 나누는지를 시누이와 올케

사이에서 이루어짐을 보여준다.

어느 자전적 회상의 절정이며 참 따뜻한 시조이다. "진즉에 동네 사람들 / 혀를 쯧쯧 차고" 이 대목은 그녀의 삶 전체를 꿰뚫는다. 여인의 고통 앞에서 연민보다는 구경하듯 혀를 차는 공동체의 시선, 그것을 끝내 감내하며 살아온 한 인간의 존엄이 읽힌다. 삶의 상처를 유머와 애정으로 감싼 인간적 시선이다. 고통의 기억을 '감사와 유대의 시학'으로 바꾸어낸다.

> 석수천 언저리에 노랗게 핀 달맞이꽃
> 밤이면 활짝 피네 달님이 그리워서
> 낮이면 살짝 숨었다가 오늘밤에 또 달마중
>
> 계수나무 그늘 아래 은도끼가 그리운가
> 밤이면 활짝 웃네 은은한 그 향기가
> 초야를 감싸고 도는 수줍구나 달맞이

― <달맞이꽃>전문

석수천 언저리에 노랗게 핀 달맞이꽃은 밤이면 활짝 피어 달을 맞이한다. '달님이 그리워서'―이 한 구절은 황분선 시의 본질이다. 달은 남편이자, 그리움이자, 부재의 상징이다. 낮에는 숨어 있다가 밤마다 달을 기다리는 꽃은 그의 젊은 날, 창문 앞에서 남편을 기다리던 여인 자신의 모습이다. 후렴의 '은도끼가 그리운가'는 옛 설화적 정서를 빌려, 사랑의 순결과 기다림의 고결함을 더한다. 달맞이꽃의 향기가 초야를 감싸듯, 그의 평생 읊조림은 밤마다 남편의 혼을 감싸는 영혼의 꽃향기이다.

3. 짧지만 긴 여운

> 김이 모락모락
> 차 한 잔을 마주하며
>
> 눈빛만 마주해도
> 미소 절로 나는 사람
>
> 다소곳 내리감은 눈,
> 눈뜰 생각 전혀 없네
>
> — <차 한 잔의 시간>전문

짧지만 여운이 긴 시조다. '눈빛만 마주해도 미소 절로 나는 사람' 이 구절은 황혼의 고요한 정을 보여준다. 이미 떠난 이와의 대화를 차 한 잔의 시간 속에서 재현한다. '눈뜰 생각 전혀 없네'는 그리움의 안식이자, 기억 속 사랑의 안온함이다.

죽은 이와의 대화가 아니라, 마음속 대화로 이어진 사랑의 지속성을 표현한다.

> 부평초 잎사귀에 풀벌레 우는 소리
> 호리 못 언덕에는 물총새가 쫑긋쫑긋
> 내 마음 어찌 알고서 미물들이 먼저 우네
>
> 서당 앞 연못에는 연꽃이 여태 피고
> 물에 뜬 그대 얼굴 어디에도 없는 고향집
> 쓸쓸한 시집 안마당을 어이 홀로 찾았나
>
> – <님은 고향 가는 길>전문

이 시는 귀향과 상실의 정서를 함께 품는다. '부평초 잎사귀에 풀벌레 우는 소리'–물 위에 떠 있는 부평초는 바로 시인의 마음이다. 남편이 돌아오지 못한 고향집, 쓸쓸한 시집 안마당은 그가 평생 머문 사랑의 자리이자 기억의 집이다. '쫑긋쫑긋 울총새'의 의성적 시어는 그리움의 울림을 소리로 형상화하며, '어찌 홀로 찾았나'라는 물음은 자신에게 되묻는 자기 대화의 종결시처럼 들린다.

> 꽃 피고 잎도 피고
> 해마다 봄은 오는데

먼 길 떠나버린
　　그대를 생각하면

　　캄캄한 터널속으로
　　걸어가는 나를 본다

　　　　　－ <통도사 홍매 - 젊은 미망인>

　황분선 시의 중심 모티프인 '망부가'의 정점이다. '꽃 피고 잎도 피고 해마다 봄은 오는데' – 계절은 순환하지만, 사람은 돌아오지 않는다. 아리고 시린 발을 견디며, 다시 봄 언덕에서 붉게 터지는 홍매화 앞에 서서 운다. 홍매화는 단순한 꽃이 아니라 사랑의 증언자이자 생의 증인이다. 젊은 미망인의 슬픔은 여기서 정화淨化의 눈물로 변한다.

4. 조용한 생의 힘, 고향의 부평초까지

　　본래 떨어진 달
　　아니었지 초승달도

　　날개를 펼친 듯이
　　물 찬 제비 날아가듯

아이들 팔을 이어서
건지려고 하건마는

　　　　　　　- <초승달>전문

짧지만 함축적인 시조다. '본래 떨어진 달 아니었지 초승달도'이 한 구절에 이미 철학이 담겨 있다. 상실의 달이 아니라, 다시 차오를 달로 본다. '아이들 팔을 이어서 건지려고 하건마는'은 자식들을 통해 남편의 영혼을 이어가려는 모성의 지속성을 보여준다. 초승달은 희망과 재생의 상징이다. 이 시는 슬픔 속에서도 끝내 희망을 놓지 않는 생의 의지를 보여준다.

그대 떠난 이후 마을 앞길도 잃고
산도 들도 길을 버린, 오로지 외딴 섬에
가는 이, 붙들지 못한 자책으로 아픕니다.

꿈인 듯 꿈길인 듯 달려갈 때가 있습니다
마을 앞, 산그늘도 모두 내린 동구 길을
다시금 아득한 터널, 이젠 모두 섬입니다.

　　　　　　　- <섬.섬.섬>전문

남편이 세상을 떠난 이후, 세상은 그에게 '섬'이 되었다. 마을 앞길도, 산과 들도 모두 '섬'으로 변한다는 표현은, 단절된 존재의 고독을 압축적으로 드러낸다. '그대 떠난 이후'라는 단호한 시어로 시작해 '붙들지 못한 가책으로 아픕니다'라고 마무리되는 첫 연은, 삶의 죄책과 미련의 문장이다.

두 번째 연에서 '꿈인 듯 꿈길인 듯'은 현실과 꿈의 경계에서 여전히 남편을 향해 걷는 여정이다. '이젠 모두 섬입니다'—그의 세계는 더 이상 연결되지 않는다. 이 시는 망부의 절창, 즉 황분선의 시 세계를 대표하는 '그리움의 구조'를 상징한다.

5. 사랑이 시가 된 생애

황분선의 시조는 거창한 수사도, 관념도 없다. 그의 언어는 삶의 체험으로 다져진 순정한 말의 기록이다. 한 여인이 시를 통해 사랑을 불러내고, 그 사랑을 통해 인생을 견뎌온 이야기이다. 그녀는 이후 두 아들을 키우며, 남편을 젊은 나이에 여의고도 다시 일어나 살림을 일으켰다. 시 속의 불길은 그녀의 생애에서 '운명의 불'이자 '삶의 불씨'였다. 이 시조는 단순한 개인의 기억이 아니라, 해방기 여성의 생애사와 한국 근대 여인의 원형적 서사를 품고 있다. '불붙은 치마'는 억압과 관습 속에서도 살아남아야 했던 여성의 상징이며, 그 불은 소멸이 아니라 재탄생의 불꽃으로 남았다. 그것이 곧 『꿈, 어느 봄 날』 시집의 전체 주제다.

〈꿈, 어느 봄날〉은 어느 자전적 회상의 절정이다. 어린 시절 치마에 불이 붙은 사건은 육체적 상처의 기억이 시조 전체의 중심이 된다. '새언니가 배추잎을 붙여주고', '올케언니가 물이끼를 발라주는 그에게 시는 글이 아니라 기도였고, 대화였으며, 일기였다. 남편을 기다리며, 달을 보며, 섬에 머물며, 한 생을 시로 버텨낸 이 노시인의 시조집은 이 땅의 모든 어머니들에게 바치는 사랑과 인내의 전언(傳言)이라 하겠다.

황분선 시집

꿈, 어느 봄날

초판1쇄 발행 2025년 11월 12일

지은이 황분선
펴낸이 이길안
펴낸곳 세종출판사

주소 부산광역시 중구 흑교로 71번길 12 (보수동2가)
전화 463 – 5898, 253 – 2213~5
팩스 248 – 4880
전자우편 sjpl5898@daum.net
출판등록 제02-01-96

ISBN 979-11-5979-823-8 03810

정가 12,000원

이책은 울산광역시, 울산문화관광재단 '2025년 예술창작활동지원사업'의 지원을 받아 발간되었습니다.

이 책은 저작권법에 따라 보호받는 저작물이므로 무단전재와
무단복제를 금지하며, 이 책 내용의 전부 또는 일부 내용을 재사용하려면
사전에 저작권자와 세종출판사의 동의를 받아야 합니다.
* 잘못된 책은 교환해 드립니다.